J&V

Krü, die Schleiereule

Lene Mayer-Skumanz
Ursula Miller

Krü sitzt in der Sonne. Er fühlt sich wohl in der Wärme,
und er mag das Licht. Ein Sonnenbad an einem stillen Platz
ist für jede Schleiereule ein Vergnügen.
Krü mag jedes Licht: die starken Strahlen der Mittagssonne,
das flammende Abendrot, den sanften Dämmerschein.
Er mag den Mondschein und das Sterngefunkel.
Seine Augen fangen noch den schwächsten Schimmer auf.
Krü ist Meister im Sehen.
Wenn er in der Nacht ein helles Fenster sieht,
fliegt er hin. „Chrü, chrü, chrü!" ruft er.
Manche Menschen fürchten sich vor diesem Ruf. „Eulen sind
ein lichtscheues Gesindel", sagen sie, „Unglücksboten, Totenvögel."
Wer das sagt, lügt. Glaub ihm nicht! Eine Eule vor deinem Fenster
ist nur verliebt in das Licht deiner Lampe...

Aber warum ist Krü erst in der Dunkelheit so richtig unternehmungslustig?
Weil auch die Mäuse erst im Dunkeln munter werden.
Sie huschen aus ihren Verstecken hervor, gehen auf Futtersuche und piepsen.
Krü ist auch Meister im Hören.
Er spreizt die Federn seines Gesichtschleiers,
damit er das leiseste Maustrippeln hören kann.
Mäuse sind das beste Eulenfutter, und Krü ist hungrig.
Er breitet die Flügel aus. Sein Gefieder ist weich wie Samt.
Keiner kann seine Flügelschläge hören.
Krü fliegt lautlos – und schnell!

Krü hört: Dort unten raschelt es!
Krü sieht: Dort unten bewegt sich etwas!
Er streckt seine Fänge aus. Die tragen Federhosen bis zu den Zehen.
Krü stürzt sich auf das, was da raschelt und sich bewegt. Er packt
die Maus mit den Krallen. Er tötet sie mit einem Schnabelhieb.
Das geschieht in einem einzigen Augenblick!
Ganz aus der Nähe sieht Krü nicht so gut. Mit den Tastborsten,
die an den Winkeln seines Schnabels wachsen, tastet er die tote
Maus ab. Dann verschlingt er sie. Krü drückt und würgt
und schlingt mit geschlossenen Augen.
Knochen und Haare kann sein Magen nicht verdauen.
Krü würgt sie wieder hervor und spuckt sie einfach aus.
Man nennt diese Reste Gewölle.
Dieses Jahr gibt es viele Mäuse im Wald und auf den Feldern.
Krü spürt, er könnte eine Familie durchfüttern.

Krü fliegt über das Dorf. Er fliegt rund um den Kirchturm.
Er fliegt über den Berg und über die Burgruine.
Krü sucht einen stillen Platz für eine Familie.
Er soll versteckt und dunkel sein,
damit eine Eulenmutter in Ruhe brüten kann.
Wo findet Krü einen Nistplatz?
Die Leute im Dorf haben den Kirchturm renoviert
und sein Dach frisch gedeckt.
Die kleinen Luken im Turmhelm sind vergittert.
Die Bauern haben die Scheunendächer ausgebessert.
Die Fenster zum Dachboden sind verschlossen.
In der Burgruine hat sich ein Ausflugsgasthaus eingenistet.
Nirgends findet sich ein stiller Winkel.
Krü gibt die Suche nicht auf. Unermüdlich fliegt er über das Land.

Krü hat einen unbekannten Freund. Der Freund geht auf zwei Beinen,
er besitzt ein Hirn im Kopf und eine Scheune.
Krüs Freund will nicht, daß Schleiereulen aussterben,
weil sie keinen Nistplatz finden. Daher stellt er
auf seinem Scheunenboden einen Nistkasten aus Holz auf.
Er läßt das Fenster offen,
damit eine Eulenfamilie ein- und ausfliegen kann.
Endlich entdeckt Krü den Nistplatz.
Seine Sehnsucht nach einem Weibchen wächst und wird riesengroß.
Krü fängt an, eine Eulenfrau herbeizurufen. „Chrüüüü! Chrüüüü!"
„Ich freue mich auf dich", heißt das, und: „Komm! Komm!"

Eine Eulenfrau hat Krü rufen gehört.
Sie antwortet ihm.
Schon fliegt sie auf leisen Schwingen herbei.
Sie fliegen miteinander. Sie gleiten durch die Frühlingsnacht.
Krü umkreist die Scheune, immer und immer wieder.
Das bedeutet: „Hier drinnen ist ein Nistplatz. Schau ihn dir an.
Gefällt er dir?"

Der Schleiereulenfrau gefällt der Platz.
Krü fängt eine Maus und legt sie ihr zu Füßen.
Dann wartet er. Er zittert vor Aufregung.
Wenn sie die Maus nimmt, heißt das: „Ja! Hier bleiben wir!
Ich will mit dir Hochzeit halten!"
Das Weibchen frißt die Maus...
In dieser Nacht heult und faucht es auf dem Scheunenboden,
es zischt und knackt, es röchelt und quietscht,
es kreischt und schnarcht.
Krüs Freund freut sich, er weiß:
Es ist das Hochzeitslied der Schleiereulen.

Ende März legt die Eulenmutter ihr erstes Ei. Sie setzt sich darauf
und brütet. Nach zwei Tagen legt sie das zweite Ei.
Zuletzt liegen sechs weiße Eier auf dem Holzboden.
Sie liegen warm unter dem Gefieder der Eulenfrau.
Vier Wochen lang wird sie nun im Dunkeln sitzen und brüten!
Krü sorgt gut für sie. Maus um Maus schleppt er heran,
Mäuse auf Vorrat. Krü nützt die sternklaren Nächte.
Wenn der Himmel wolkenverhangen ist
und nicht der kleinste Stern herunterblinzelt,
ist es auch für Krü zum Jagen zu finster.
Eines Tages zirpt es leise unter den Bauchfedern der Eulenmutter.
Das erste Junge ist ausgeschlüpft. Es ist nackt und blind,
durch die zarten Daunenfedern schimmert die Haut.
Endlich ist auch das letzte Eulenkind aus dem Ei geschlüpft.
Die Jungen sind unterschiedlich groß. Aber hungrig sind sie alle.
Krü ist ein guter Familienvater. Er wird nicht müde zu jagen.
Mit Schnabelknacken, Zirpen und Fauchen sagen ihm seine Kinder:
„Noch! Noch! Noch!"

Krüs unbekannter Freund freut sich über die Eulenkinder.
Leise schleicht er in ihre Nähe. Was hat er vor?
Aus einem kleinen dunklen Ding zuckt ein heller Blitz.
„Klick", tönt es, „klick."
Der älteste Eulenbruder stellt sich vor seine Geschwister.
Mutig droht er dem schwarzen Ding, das Blitze schießen kann.
Er faucht vor Empörung. Er streckt die Flügel weit vom Körper,
er plustert sein Gefieder auf.
So ist er groß, sehr groß, ein ungeheures Ungeheuer.
„Klick", macht es noch einmal,
dann ist das schwarze Ding verschwunden.

Krü jagt nun Tag und Nacht.
Er plagt sich und rackert sich ab.
Er ist mager geworden. Sein ältestes Kind wiegt mehr als er!
Die Eulenmutter zieht fort. Sie zieht auf einen anderen Nistplatz.
Ihre Jungen sind groß geworden und lernen fliegen.
Sie brauchen die Mutter nicht mehr.
Die Eulenfrau kann zum zweiten Mal brüten. Und Krü sorgt
jetzt für zwei Familien. Fünfzig Mäuse fängt er in einer Nacht!

Die Jungen spannen ihre Flügel. Neugierig versuchen sie
der ersten Flug. Wie schön ist das Gleiten über dem warmen Wind!
Der älteste Bruder hört unter sich etwas piepsen.
Im Gras bewegt sich etwas. Da hält er im Gleitflug inne und
rüttelt die Flügel. Dann stürzt er hinunter. Er spürt, nun muß er
die Fänge ausstrecken. Aber seine Krallen stoßen ins Leere.
Schon ist das piepsende Tier verschwunden.
Er war nicht schnell genug.

Krü und sein Weibchen sind allein.
Die Jungen sind fortgezogen, aber die Eltern wollen
beisammenbleiben.
Nach einem brausenden, raschelnden Mäuseherbst
ist es Winter geworden.
Krü hört sogar das Trippeln der Mäuse unter der Decke aus Schnee!
Erst wenn der Schnee höher liegt als eine Handbreit,
kann er nichts mehr hören. Dann findet er im Freien kein Futter mehr.
Viele Eulen müssen im Winter verhungern.
Krüs unbekannter Freund weiß das. In seinem Stall und auf seinem
Heuboden gibt es auch im Winter genug Mäuse.
Er läßt für Krü und sein Weibchen ein Schlupfloch offen,
durch das sie aus- und einfliegen können.
So werden Krü und sein Weibchen den Winter überstehen.
So können Schleiereulen überleben.
Guten Winter, Krü!

Text: LENE MAYER-SKUMANZ
Bilder: URSULA MILLER

ISBN 3-224-11022-8 Jugend und Volk Wien

© Copyright 1990 by Jugend und Volk Verlagsgesellschaft m.b.H. Wien–München
Alle Rechte vorbehalten.
Reproduktionen: Reproform, Wien
Druck: M. Theiss, Wolfsberg
Bindung: G. Frauenberger, Neudörfl

*Der Verlag dankt Dr. Fritz Böck,
Direktor des Tiergartens Schönbrunn,
für die Durchsicht des Manuskripts.*